Irene Fackler

urania

D1829695

Mosaik kunstvoll gestalten

Alle in diesem Buch veröffentlichten Abbildungen und Modelle sind urheberrechtlich geschützt und dürfen nur mit ausdrücklicher schriftlicher Genehmigung des Verlages und der Urheber gewerblich genutzt werden.

Die im Buch veröffentlichten Ratschläge sind von Verfasserin und Verlag sorgfältig erarbeitet und geprüft. Eine Garantie kann dennoch nicht übernommen werden, ebenso ist eine Haftung der Verfasserin bzw. des Verlages und seiner Beauftragten für Personen-, Sach- und Vermögensschäden ausgeschlossen.

Bibliografische Information der Deutschen Bibliothek
Die Deutsche Bibliothek verzeichnet diese Publikation in der Deutschen Nationalbibliografie; detaillierte bibliografische Daten sind im Internet über http://dnb.ddb.de abrufbar.

Urania Verlag
Verlagsgruppe Dornier
Postfach 80 06 69, 70506 Stuttgart

www.urania-verlag.de
www.verlagsgruppe-dornier.de

© 2000 Urania Verlag, Stuttgart
Der Urania Verlag ist ein Unternehmen der Verlagsgruppe Dornier.
Alle Rechte vorbehalten.
Umschlaggestaltung: Günter Hennersdorf
Fotos: Roland Krieg
Zeichnungen: Jana Holeschovsky
Lektorat: Karlheinz Bernhard Grunwald
Satz: City Repro, Berlin
Druck: Grafisches Centrum Cuno GmbH & Co. KG, Calbe
Printed in Germany

ISBN 3-332-01111-1

Einleitung

Das Mosaik als Verzierungsform gehört zu den ältesten Gestaltungstechniken. Das wohl älteste, uns bekannte Mosaik stammt aus Uruk in Chaldäa und entstand etwa um 5000 v. Chr. Neben dem rein ornamentalen Einsatz verwandte man Mosaikarbeiten auch zur bildlichen Darstellung von beispielsweise religiösen und heroischen Szenen.

Als Mosaik wird eine Darstellung bezeichnet, wenn sie aus harten, kontrastierenden Einzelteilen besteht, die eingebettet sind in einen bindenden Grund.

Heute wird diese Technik als Verzierung zumeist auf kleinen Flächen eingesetzt, wobei es oft mehr um das reizvolle Spiel mit dem Material als um die bildliche Darstellung geht.

Wie Sie Mosaikarbeiten in vereinfachter Technik für effektvolle kleine Gegenstände einsetzen können, wird Ihnen in diesem Buch vorgestellt. Die verschiedenen Arbeiten sind in den als klassisch geltenden Mosaikmaterialien Glas, Keramik und Stein ausgeführt. Die Vielfalt des Materials und der Farben lassen immer neue Unikate entstehen.

Nehmen Sie bei Ihrem nächsten Spaziergang die Vielzahl der Anregungen in Ihrer Umgebung auf: Unregelmäßigkeit der Natursteinformen im Mauerwerk, Gleichmäßigkeit bei Ziegel und Klinker, Form- und Farbvielfalt bei Kieselsteinen. Werden Sie sich auch der Farben in ihren Harmonien und Spannungen bei bunten Glasfenstern und Stoffen bewusst. Beobachten Sie die verschiedenen Ordnungen und Kombinationen aus Material, Größe und Farbe, die Ihnen bei einem Einkaufsbummel in den Geschäftsregalen oder zu Hause beim Blick auf das Bücherregal begegnen. Denn überall im täglichen Leben stoßen Sie auf Gegenstände, die, nebeneinander stehend, willkürlich oder unwillkürlich, als Ganzes ein faszinierendes Bild darstellen. Lassen Sie sich inspirieren!

Ich wünsche Ihnen viel Spaß beim Gestalten Ihrer Mosaikarbeiten.

Ihre Irene Fackler

Material

Zum Herstellen eines Mosaikbildes benötigen Sie Mosaiksteine, einen festen Untergrund, Kleber und Fugenmasse.
Die Glassteine in diesem Buch sind als vorgeschnittene Steine von ca. 1 x 1 cm im Fachhandel erhältlich. Die aus Murano-Glas bestehenden Steine werden in unterschiedlichen Farben angeboten und lassen sich auf denkbar einfache Weise verarbeiten. Diese gegossenen Glassteine haben keine scharfen Kanten und können selbst von Kindern problemlos verarbeitet werden. Durch die Fugenbreite wird das Mosaikbild maßgeblich bestimmt. Um die Mosaiksteine größer erscheinen zu lassen, können zum Beispiel auch vier Steine eng aneinander, ohne Fuge, zum Quadrat gelegt werden. So entstehen Farbflächen von ca. 2 x 2 cm. Mit einem Glasschneider können die Steinchen auch geschnitten werden. **Schützen Sie dabei aber unbedingt Ihre Augen,** denn das überschüssige Material splittert beim Durchtrennen weg.
Aus farbigen Glasplatten, wie sie aus der Tiffany-Technik bekannt sind, können Sie selbst Mosaiksteine schneiden. Hierfür sind Glasschneider, Zange und Metalllineal, aber auch Erfahrung im Umgang mit Glas erforderlich. Die scharfen Kanten sollten abgeschliffen werden, da bei der Weiterverarbeitung Verletzungsgefahr besteht.

Fliesen

Aus Wand- und Bodenfliesen in den unterschiedlichsten Farben und Strukturen können Sie mit dem Fliesenschneider Mosaikteilchen herstellen. Unregelmäßige Teilchen erhalten Sie, wenn Sie die Fliesen mit einem Hammer zertrümmern. Legen Sie hierzu die Fliese in einen Plastikbeutel, um Splitter aufzufangen. **Auch bei dieser Technik sollten unbedingt die Augen geschützt werden.** Die Fliesen, die Sie für eine Arbeit verwenden, sollten die gleiche Stärke haben, damit Sie eine glatte Oberfläche gestalten können. Mosaikarbeiten mit Fliesen werden wesentlich schwerer als mit Glassteinchen gestaltete Modelle.

Untergrund und Werkzeug

Für Bilder, Untersetzer, Türschilder etc. eignen sich Sperrholzplatten oder aber wasserfest verleimte Holzfaserplatten, die es in nahezu allen Größen zu kaufen gibt (ggf. zuschneiden lassen). Massivholzbretter können sich verziehen und würden das Mosaik aufsprengen.
Je nach Wahl der Mosaiksteine benötigen Sie Seitenschneider (bzw. eine kurze, stabile Schere), Flachzange, Brechzange, Hammer oder Glasschneider. Für Fliesenarbeiten ist ein Fliesenschneider hilfreich.
Um Fliesen sauber zu trennen, muss die Oberfläche mit einem Glas- oder Fliesenschneider angeritzt und über eine harte Tischkante oder im Nutholz gebrochen werden. Kleine Glasteilchen können Sie mit der Flachzange halten und mit dem Seitenschneider trennen. Führen Sie diese Arbeiten möglichst in einem durchsichtigen Müllbeutel durch, um Splitter aufzufangen.

Klebstoff

Welchen Kleber Sie auswählen, hängt von Material, Untergrund und Verwendungszweck ab. Um die fertigen Glassteine aus dem Fachhandel auf dem Untergrund zu befestigen, können Sie Bastelkleber verwenden.

Mit einem Heißkleber können aufgrund der schnellen Klebefestigkeit besonders Gegenstände mit Rundungen einfacher beklebt werden. Die dabei eventuell entstehenden Klebefäden müssen vor dem Verfugen entfernt werden. Mit Hilfe eines Föhns lassen sie sich leicht entfernen, ohne die Mosaiksteine zu beschädigen.

Gestaltung

Bei dem Entwurf eines Mosaikbildes werden Größe und Farbe der Steinchen und Fugen als wichtige Gestaltungselemente eingesetzt. Um sich eine Vorstellung von den fertigen Mosaikbildern zu machen, sollten Sie die Mosaiksteine vorher zur Probe auflegen: Wählen Sie zunächst als Untergrund ein der Fugenfarbe entsprechendes Papier. Wie unterschiedlich eine Mosaikgestaltung durch die Farbe der Fugen wirken kann, werden Sie deutlich erkennen, wenn Sie die gleichen Mosaikbilder auf unterschiedlich farbige Papiere legen. Berücksichtigen Sie bei der Breite der Fugen, dass diese, fertig gearbeitet, plastischer in Erscheinung treten.

Arbeitsschritte

1. Wählen Sie ein Modell, den Untergrund und die Mosaiksteine in der gewünschten Farbe und Größe. Auch die zum Mosaikbild passende Farbe der Fugenmasse sollte bereits ausgewählt werden.

2. Legen Sie das Mosaikbild zur Probe auf den Untergrund. Simulieren Sie die Farbe der Fugenmasse gegebenenfalls mit einem der Fugenfarbe entsprechenden Papier.

3. Befestigen Sie die Mosaiksteine mit dem entsprechenden Kleber.

4. Verfugen Sie die Mosaikarbeit.

5. Bringen Sie dann noch, je nach Projekt, Kanten oder Befestigungen an.

Fugenmasse

Um die Fugen auszufüllen und zu versiegeln, gibt es im Fachhandel Fugenmasse in verschiedenen Farben. Diese wird mit Wasser, im Verhältnis, wie in der jeweiligen Packungsbeilage erwähnt, angerührt. Durch Beimischen von Acrylfarbe in die bereits angerührte Fugenmasse lassen sich weitere Farben erzielen. Auch Modellier- und Stukkaturgips können zum Verfugen eingesetzt werden.

Um die Masse anzurühren, eignen sich die in Fachhandel und Baumärkten erhältlichen Gipsertöpfchen aus Gummi und ein Spachtel. Die zähflüssige Masse wird über die Mosaikarbeit gegossen und mit einem Gummischaber, Messer oder Spachtel in die Fugen verteilt. Überschüssige Fugenmasse wird abgenommen. Nach ca. drei bis fünf Minuten ist die Fugenmasse soweit erhärtet, dass Sie mit einem weichen, feuchten Schwamm das Mosaikbild reinigen können.

Bei unebenen Mosaikoberflächen, wie zum Beispiel Kieselsteinen, ist es ratsam, die Fugenmasse etwas dünner zu halten und eventuell in zwei Schichten zu verfugen. Auf diese Weise können Sie flache Steinchen beim zweiten Verfugungsdurchgang aussparen.

Das Holzkistchen

Material
- Mosaiksteinchen aus Murano-Glas
- Mosaik-Fugenmasse
- Bastelkleber
- Holzkistchen
- blaue Acrylfarbe

Die Steinchen werden mit dem Kleber auf den Deckel des Holzkistchens geklebt, wobei die Steinchenkanten mit den Kanten des Holzkistchens abschließen müssen. Die Fugenbreite sollte jeweils gleich groß sein. Ordnen Sie die Steinchen deshalb vorab probeweise an, um nicht in die Verlegenheit ungewollt großer oder ungleichmäßiger Fugenlöcher zu kommen.

Nach dem Verfugen und Aushärten wird, soweit gewünscht, das Kistchen mit Acrylfarbe bemalt.

Der Fisch

Material
- Mosaiksteinchen aus Murano-Glas
- Mosaik-Fugenmasse
- Bastelkleber
- Sperrholz
- Filz
- Aufhänger
- Sandpapier
- Transparentpapier
- Bleistift
- ggf. Kohlepapier

Die Vorlage von Seite 46 / 47 mit einem Bleistift auf Transparentpapier durchpausen. Dann entweder unter Verwendung von Kohlepapier auf das Holz übertragen oder aber den Umriss ausschneiden und wiederum mit dem Bleistift auf das Holz übertragen. Mit einer Laubsäge den Fisch aussägen, scharfe Kanten mit Sandpapier leicht abschleifen. Die Mosaiksteine zur Probe auflegen und aufkleben. Nach dem Verfugen und Aushärten schneiden Sie aus dem Filz Streifen in der Kantenbreite des Mosaikbildes. Mit diesen Filzstreifen die Kanten des Fisches ringsum bekleben. Auf der Rückseite einen Aufhänger befestigen.

Die Magnettafel

Material
- Kieselsteine
- Mosaik-Fugenmasse
- Bastelkleber
- Magnettafel mit Holzrahmen
- Acrylfarbe

Den Holzrahmen in der gewünschten Farbe bemalen. Ausgewählte Partien des Holzrahmens (in unserem Beispiel die sich gegenüberliegenden Ecken) bekleben Sie nun dekorativ mit Kieselsteinen. Die Fugen ausgießen, wobei die Fugenmasse nicht zu dick sein sollte, damit sie gut in die Zwischenräume der Steine fließen kann.

13.30
Bille abholen
ienstag
Fest im Kindergarten

Türschilder für Bad und WC

Material
- Mosaiksteinchen aus Murano-Glas
- Kieselsteine
- Mosaik-Fugenmasse
- Bastelkleber
- Sperrholz
- Filz
- Aufhänger
- Sandpapier

Bestimmen Sie die Größe der Schilder, indem Sie die Mosaiksteine zur Probe auflegen. Das Sperrholz in entsprechender Größe zusägen, die dabei entstehenden Kanten leicht brechen. Die Mosaiksteine aufkleben und mit der Fugenmasse verfugen. Die Kanten der Schilder mit einem Streifen Filz umkleben. Auf der Rückseite dann noch einen Aufhänger befestigen.

Das Namensschild

Material

- Mosaiksteinchen aus Murano-Glas
- Kieselsteine
- Mosaik-Fugenmasse
- Bastelkleber
- rechteckiger Blumenkastenuntersetzer aus Terrakotta als Untergrund

Legen Sie vor dem Kauf des Blumenkastenuntersetzers den gewünschten Namen in Mosaiksteinchen zur Probe auf, um die Größe zu bestimmen. Namen mit wenigen Buchstaben können hierbei auch mit doppelten Mosaiksteinreihen gelegt werden. Ist der Na-

menszug sehr lang, so können Sie mit zwei verschiedenen Mosaikfarben im Wechsel die Buchstaben ineinander laufen lassen. Kleben Sie zuerst die Buchstaben aus Mosaiksteinen auf, und füllen Sie dann die Zwischenräume mit Kieselsteinen aus. Die Fugen nun ausgießen, wobei die Fugenmasse nicht zu dick sein sollte, um gut in die Zwischenräume der Steine zu fließen. Auf der Rückseite zwei stabile Aufhänger befestigen oder vorsichtig mit einem Steinbohrer Löcher bohren und das Schild zum Beispiel an einer Hauswand befestigen.

Die Hausnummer

Material
- Mosaiksteinchen aus Murano-Glas
- Mosaik-Fugenmasse
- Bastelkleber
- Dachziegel

Die Mosaiksteine mit der gewünschten Hausnummer zur Probe auflegen. Besteht die Hausnummer nur aus einer oder zwei Ziffern, so kann das untere Drittel des Ziegels noch dekorativ verziert werden. Die Steine aufkleben und verfugen. Mit einem Steinbohrer zwei Löcher bohren und ein festes Schnurstück als Aufhänger einziehen.

Die Bilderrahmen

(siehe Seite 20/21)

Material
- Mosaiksteinchen aus Murano-Glas
- Mosaik-Fugenmasse
- Bastelkleber
- Holzbilderrahmen

Die Holzrahmenbreite entspricht zwei Glasmosaikteilen plus Fuge. Für die drei Rahmen werden Mosaiksteine in zwei verschiedenen Farben verwendet, die zu jeweils unterschiedlichen Musterfolgen gelegt werden. Dabei schließen die Kanten der Mosaiksteinchen genau mit den Rahmenkanten ab.

Das Tablett

Material
- Fliesen
- Mosaik-Fugenmasse
- Kleber
- Holztablett

Die Fliesen mit einem Fliesen- oder Glasschneider in Streifen unterschiedlicher Breite schneiden. Von diesen Streifen wiederum unterschiedliche Quadrate und Rechtecke schneiden. Vor dem Aufkleben das Mosaikbild zur Probe auflegen. Für dieses Tablett wurden glatte Fliesen in Weiß, Gelb und Blau sowie strukturierte Fliesen in Grün verarbeitet. Als Farbe für die Fugenmasse habe ich Schiefergrau ausgewählt. Um eine gleichmäßige Oberfläche zu erhalten, sollten die Fliesen möglichst die gleiche Stärke haben.

Die Fliesenbilder

Material

- Mosaiksteinchen aus Murano-Glas
- quadratische Motivfliesen
- Mosaik-Fugenmasse
- Bastelkleber
- wasserfeste Spanplatte
- Leisten mit einer abgerundeten Kante
- Aufhänger
- Metallic-Acrylfarbe

Im Sanitärbereich der Baumärkte können Sie einzelne Motivfliesen in der Größe von ca. 10 x 10 cm bekommen. Passend zu den Farben dieser Fliesen sind die Mosaiksteine aus Murano-Glas ausgewählt. Nachdem Sie das Bild probeweise so aufgelegt haben, dass die Kanten der Mosaiksteinchen an die Kante der Motivfliese anschließen, nehmen Sie die Maße für die quadratische Spanplatte und sägen diese aus – die Kanten der Platte sollten dabei genau mit den Mosaiksteinkanten abschließen. Die Fliesen und die Steine aufkleben und verfugen. Wählen Sie die Breite der Leisten etwa 2–3 mm größer als die Kantenstärke des Mosaiks, sodass sie oben etwas überstehen. Die Leisten zusägen und mit Leim und kleinen Nägeln oder mit Heißkleber befestigen, die Ecken mit Sandpapier leicht brechen. Passend zu dem Bild die Leiste mit Metall-Acrylfarbe bemalen. Auf der Rückseite einen Aufhänger anbringen.

Die Tischlampe

Material
- Mosaiksteinchen aus Murano-Glas
- Mosaik-Fugenmasse
- Bastelkleber
- Tischlampe mit Keramikfuß

Passend zu ihrem späteren Standort werden die Farben der Lampe und der Mosaikglassteine ausgewählt. Die Mosaikgestaltung umfasst nur einen Teil des Lampenfußes. Das Muster wird zuerst probeweise aufgelegt und dann mit Heißkleber aufgebracht. Beim Verfugen runder Gegenstände sollte die Masse nicht zu dünnflüssig sein, um ein Auslaufen zu verhindern.

Der Spiegel

Material
- Mosaiksteinchen aus Murano-Glas
- Mosaik-Fugenmasse
- Bastelkleber
- farbige Muschelscheiben
- Spiegel mit breitem Holzrahmen

Die Mosaiksteine in stilisierter Tropfenform an zwei sich gegenüberliegenden Ecken auf dem Holzrahmen zur Probe auflegen. Steine aufkleben und mit nicht zu dünner Fugenmasse verfugen. Die Muschelscheiben, die im Bastelhandel erhältlich sind, in dekorativer Überschneidung in eine der freigehaltenen Ecken kleben.

Der Schlüssel für den Schlüssel

Material
- Mosaiksteinchen aus Murano-Glas
- Mosaik-Fugenmasse
- Bastelkleber
- Sperrholz
- Filz
- Aufhänger
- Haken
- Kohlepapier
- Sandpapier

Die Vorlage auf Seite 46 / 47 mit einem Bleistift und Transparentpapier durchpausen und mit Kohlepapier auf das Holz übertragen. Mit der Laubsäge den Schlüssel aussägen, scharfe Kanten mit Sandpapier leicht brechen. Die Mosaiksteine zur Probe auflegen, wobei die Platzierung der Haken zu berücksichtigen ist. Die Steine aufkleben und verfugen. Aus dem Filz Streifen in der Kantenbreite des Mosaiks schneiden und die Kanten des Schlüssels mit diesen Streifen bekleben. In die vorgesehenen Stellen die Haken eindrehen, und schließlich noch an der Rückseite zwei Aufhänger befestigen.

Der Untersetzer für warme Speisen

Material

- Fliesen, ca. 30 x 30 cm
- Mosaik-Fugenmasse
- Bastelkleber
- Pressspanplatte, ca. 40 x 30 cm
- Leisten

Die Fliesen mit einem Fliesen- oder Glasschneider in Streifen ähnlicher Breite schneiden. Diese Streifen, wie auf dem Foto zu erkennen, im Farbwechsel auf das Brett legen, sodass die Mosaiksteinkanten mit den Holzkanten abschließen. Die fehlenden 10 cm bei jedem gelegten Streifen werden mit einem kleinen Streifen der jeweils anderen Farbe ergänzt. Die Arbeit jetzt verfugen, und die Kanten mit in Gärung gesägten Halbrundleisten abschließen. Die obere Leistenkante sollte 2–3 mm über die Mosaikarbeit ragen.

Ein Set aus Gießkanne und Eimerchen

Material
- Mosaiksteinchen aus Murano-Glas
- Mosaik-Fugenmasse
- Bastel- oder Heißkleber
- Eimerchen aus Weißblech
- Gießkanne aus Weißblech

Eimer und Gießkanne werden nur zum Teil mit Mosaikglassteinen verziert. Für Mosaikarbeiten an runden Gegenständen erleichtert ein schnell trocknender Heißkleber die Arbeit, da sich die Steine auf dem glatten Untergrund während des Trockenvorgangs nicht verschieben. Ansonsten wie bei der Verzierung der Tischlampe (siehe Seite 26) vorgehen.

Gegenstände aus Terrakotta

Material
- Mosaiksteinchen aus Murano-Glas
- Mosaik-Fugenmasse
- Bastelkleber
- Terrakotta-Teller
- Terrakotta-Blumentopf

Die Gegenstände aus Terrakotta werden nur zum Teil mit den Glasmosaiksteinchen beklebt, der terrakottafarbene Untergrund wird als weitere Farbe in die Mosaikgestaltung mit einbezogen. Die Fugenmasse sollte nicht zu dünn angerührt werden, um ein Auslaufen auf andere, nicht zu verfugende Flächen zu vermeiden.

„Herzige" Übertöpfe

(siehe Seite 38 / 39)

Material
- Mosaiksteinchen aus Murano-Glas
- Mosaik-Fugenmasse
- Bastelkleber
- Terrakotta-Pflanzentöpfe

Jeweils eine Seite der kantig geformten Pflanzentöpfe mit einem Mosaik in Herzform bekleben und mit nicht zu dünn angerührter Fugenmasse verfugen.

Futtertöpfchen für Vögel

Material

- Mosaiksteinchen aus Murano-Glas
- Mosaik-Fugenmasse
- Bastel- oder Heißkleber
- Terrakotta-Blumentöpfchen
- Schnur
- Vogelfutter-Kugeln
- Fett oder Tapetenkleister

Die Töpfchen sollten den Durchmesser der Futterkugeln haben. Die Mosaiksteine in unterschiedlicher Musterfolge, unter Beibehaltung der gleichen Farben, wie aus der Abbildung ersichtlich, auf die Töpfchen kleben. Die Schnur drehen Sie zur Kordel oder zu einem Zopf und befestigen sie als Aufhänger (entweder mit Heißkleber an den Topfboden kleben oder, falls der Boden bereits ein Loch hat, die Schnur durchführen und an ihrem Ende mit einem blockierenden Knoten versehen). Die Futterkugeln werden mit flüssigem Fett oder einem zäh angerührten Tapetenkleister in die Töpfchen geklebt.

Schilder für die Sämerei

Material
- Mosaiksteinchen aus Murano-Glas
- Mosaik-Fugenmasse
- Bastelkleber
- Filz
- Rundholzstab
- wasserunlöslicher Kleber
- Wäscheklammern

Die Blütenmosaike werden, wie beim Schlüssel auf Seite 28 beschrieben, angefertigt. Auf der Rückseite den Stab mit wasserunlöslichem Kleber befestigen, ebenso die Wäscheklammer. Diese ragt unterhalb der Blüte zur Hälfte heraus, sodass die Samentüten befestigt werden können.

Die Pflanzenschalen

(siehe Seite 44 / 45)

Material
- Mosaiksteinchen aus Murano-Glas
- Mosaik-Fugenmasse
- Bastelkleber
- Terrakotta-Pflanzenschalen

Die Schalen werden wie die Futtertöpfchen (siehe Seite 40) gearbeitet. Wenn Sie gleich mehrere Schalen anfertigen, entsteht durch die gleiche Farbauswahl bei unterschiedlicher Musterfolge Abwechslung und gleichzeitig eine harmonische Verbindung.

3398 EINJÄHRIG

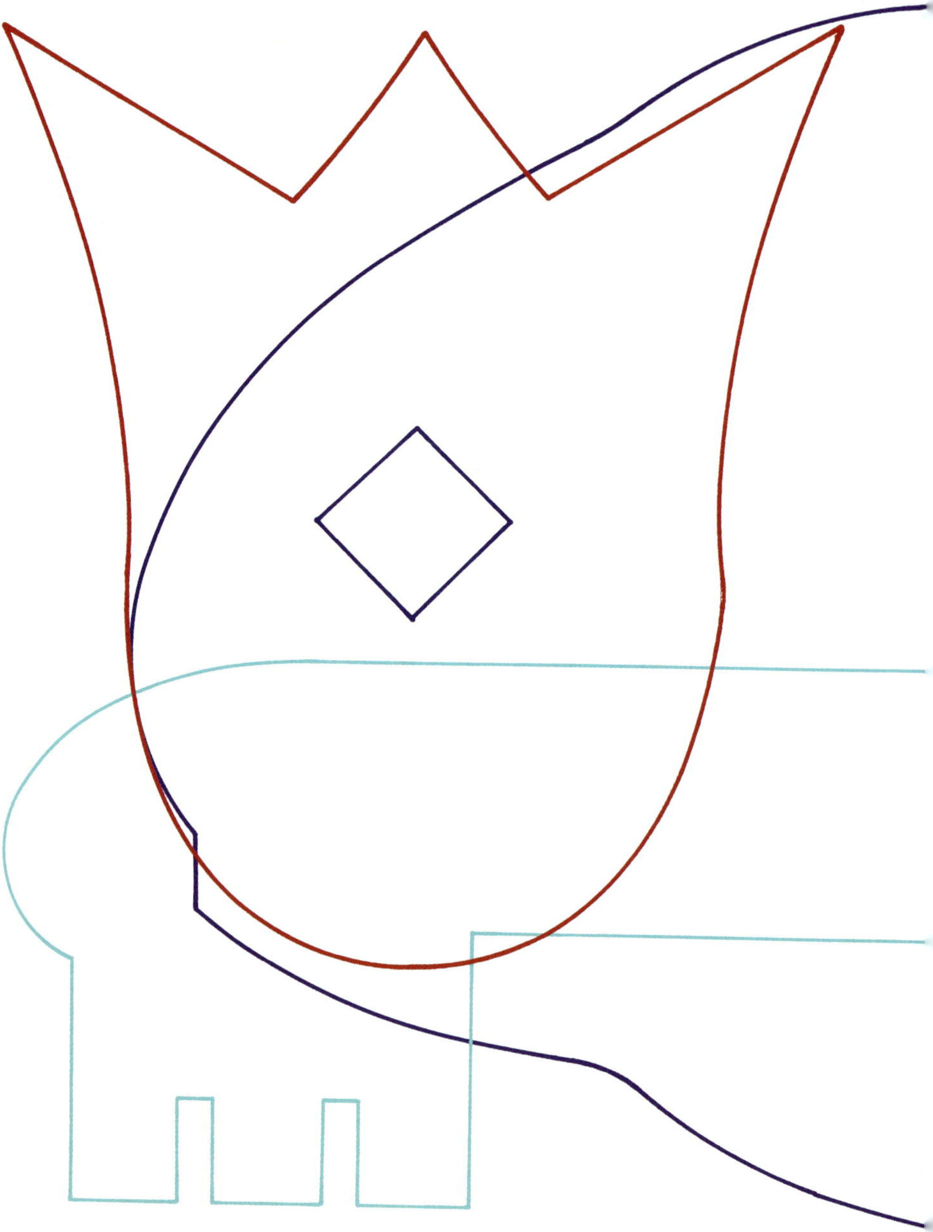

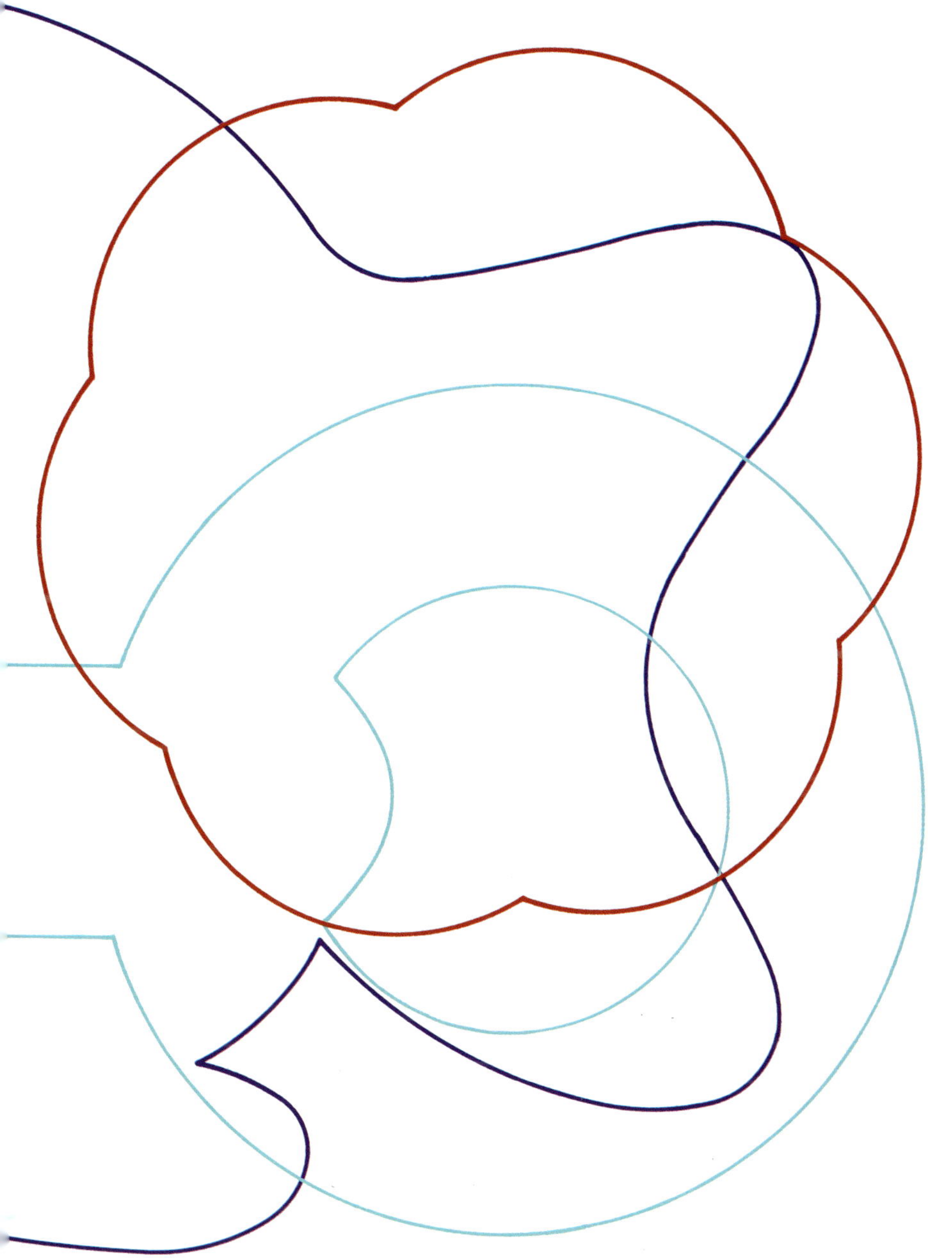

Weitere Titel aus der Reihe »Kreative Freizeit«

Traudel Hartel
Papierschöpfen leicht gemacht
In diesem Buch werden die Materialien und Techniken vorgestellt, mit denen Sie Naturpapier selbst herstellen können. Mit vielen Ideen für die Gestaltung und Weiterverarbeitung.
32 Seiten plus Vorlagenbogen
ISBN 3-332-01051-4

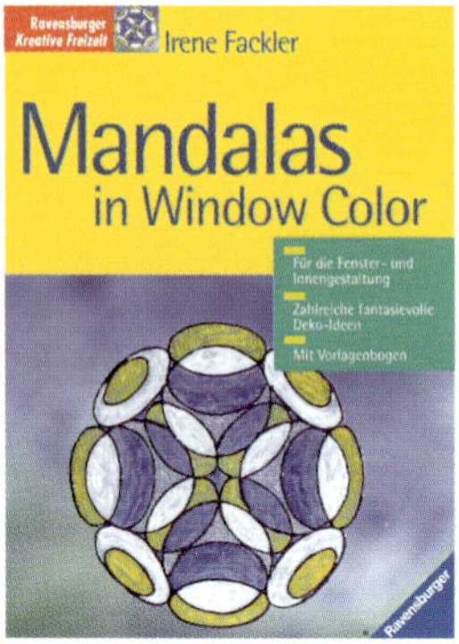

Irene Fackler
Mandalas in Window Color
Auf Fensterscheiben und Glasgefäßen kommen die leuchtenden Farben der Mandalas besonders gut zur Geltung. Alle Motive sind in Originalgröße auf dem Vorlagenbogen abgebildet.
32 Seiten plus Vorlagenbogen
ISBN 3-332-01054-9

Traudel Hartel
Grußkarten aus Naturpapier
Ob Einladungs- oder Gratulationskarte – hier finden Sie über 30 Gestaltungsvorschläge für ganz individuelle Karten aus Naturpapier.

32 Seiten plus Vorlagenbogen
ISBN 3-332-01050-6

Michael Platz
Lustige Tiere aus Heu
Mäuse, Igel, Störche und zahlreiche weitere Tiere werden aus Heu hergestellt und mit Gewürzen und anderen Naturmaterialien dekoriert.

48 Seiten
ISBN 3-332-01113-8

Marion Weber
Dekorative Fensterbäume für jeden Anlass
Fenster- bzw. Friesenbäume stellen zu jeder Jahreszeit schöne Blickpunkte dar. Das Buch präsentiert Deko-Ideen für Weihnachten, zum Jubiläum, zur Geburt und für viele weitere Gelegenheiten.
48 Seiten
ISBN 3-332-01112-X

® Ravensburger